# いいことずくめの水煮缶レシピ

やせる
若返る
健康になる

藤本なおよ　著

東京書店

# はじめに

## ～ローカーボ料理研究家の私が水煮缶を使って～

私は現在、糖質オフ専門の料理研究家として、メディアやイベント、レシピ開発などで「ローカーボ(low-carbohydrate)」を広める活動をしております。

私がローカーボを始めたきっかけは、20代前半の時に経験した「うつ」で体調を崩してしまったことです。もともと虚弱体質だったのですが、うつになってしまい、生活習慣を見直すことにしたのです。中でも「食」の改善が必須だと感じていました。さまざまな食事法を試しましたが、ローカーボを実践すると、うつをはじめ花粉症、偏頭痛、腰痛、肩こり、気分の落ち込み、肌荒れ、アトピー、慢性疲労などが改善し、一気に回復しました。

今回の水煮缶レシピには、これまで私が実践してきたローカーボを取り入れています。また、いま話題のサバ缶だけではなく、サケ缶、大豆缶、うずらの卵缶、ツナ缶、アサリ缶、ホタテ缶など栄養満点で使い勝手のよい水煮缶をセレクトし、幅広いメニューを開発しました。

# はじめに

水煮缶のセレクトにあたっては、タンパク質が豊富なものを基準にしました。飽食の時代ですが、現代人はタンパク質が不足しがちです。ギリシャ語ではタンパク質を「一番大切な栄養素」という意味を持つ「プロティオス」と呼びます。

私たちの肌や髪、内臓から骨、筋肉や爪の先までタンパク質でできています。そのタンパク質が不足してしまうと、筋肉量の減少、肌や髪のトラブル、集中力や思考力の低下などを引き起こしてしまいます。特に筋肉量の減少は、基礎代謝の低下へとつながり、体を太りやすくするので注意が必要です。健康だけではなくダイエット、美容にもタンパク質は密接に関わっています。

おいしくて健康的な料理を広めていくうえで、「手間のかからないメニュー」は現代においてとても大事なのですが、それを助けてくれる最強の味方が水煮缶です。

栄養豊富な水煮缶を積極的に取り入れて、おいしく、健康的な生活を送っていただくことを願います。

**藤本なおよ**

# 最高の健康食品「水煮缶」

　いま話題の健康食材「水煮缶」。体の中からキレイになりたいというヘルシー志向の人々の食卓で、大いに活用されています。

　栄養が豊富で鮮度もよく、そのまま食べてもおいしいなど、人気の理由はいくつかありますが、特に注目したいのが次の3つです。

# 水煮缶がモテモテの3つの理由

## 1 ダイエットや若返りに「効果大」の栄養成分がバッチリ！

太らない体作りの素となるタンパク質をはじめ、若さを保つＥＰＡ、ＤＨＡなど注目の成分がいっぱい入っています。

## 2 下処理不要！　調理が楽チン!!

魚をさばいたり、豆を戻したりといった面倒な下ごしらえは不要。あっという間に夕食の支度が整います。

## 3 長期保存ができて経済的！

安売り時には１缶１００円前後のものも。常温で長期保存できるので、大量に買ってもむだにもじゃまにもなりません。

## 太らない体への第一歩
## タンパク質がたっぷりとれる

「カロリーを消費すること＝運動をたくさんすること」だと思いがちですが、もっと大きなポイントがあります。血液の循環や呼吸、体温を保つなど、人間の生命活動を維持するために使われるエネルギーを「基礎代謝」といいますが、これは1日に消費するカロリーのうちの6～7割も占めています。つまり、基礎代謝を高めることが、その人のカロリー消費量を左右するといえます。

基礎代謝は筋肉の量と比例し、筋肉が増えるとそのぶん基礎代謝も高まります。その筋肉の増加・維持に不可欠なのがタンパク質です。この本で紹介する7種の水煮缶には、良質なタンパク質がたっぷり含まれています。「水煮缶レシピ＋運動」は代謝のよい体作りにピッタリ！

また、タンパク質をとることは筋力の低下そのものを防ぐので、**肥満の予防にもつながります**。

## サバ缶・サケ缶・ツナ缶のＥＰＡが やせホルモンの分泌をサポート

最近、やせるホルモンとして「ＧＬＰ－１」という消化管ホルモンが注目を集めています。

このホルモンは、糖尿病や肥満の治療薬としても使用されていて、血糖値の上昇を抑えるとともに、食欲をコントロールするという作用もあります。すなわち、このホルモンを増やすことがダイエットにつながるといえるのです。

サバやサケのほか、ツナ缶の原料であるマグロなどの魚の脂には、ＥＰＡ（エイコサペンタエン酸）という脳や体によい脂肪酸が多く含まれているのは有名ですが、この**ＥＰＡにはＧＬＰ－１の分泌を促す作用もある**のです。

また、ＥＰＡには血液内の中性脂肪の値を下げる働きがあります。この働きにより、動脈硬化を未然に防ぐことになります。ダイエットだけでなく、シニアの健康管理にはぜひともとりたい脂肪酸です。

## 血液も血管も脳細胞も みんなまとめて、アンチエイジング

ＥＰＡにはやせるホルモンの分泌を促すだけでなく、血液をサラサラにし、血管をキレイに保つ作用もあります。動脈硬化が心配になってくるシニアにはうってつけの成分です。サバ缶、サケ缶、ツナ缶などのレシピは特におすすめです。

青魚の脂には、もうひとつ特筆すべき脂肪酸が含まれています。それがサプリメントなども知られているＤＨＡ（ドコサヘキサエン酸）。こちらも血液をサラサラにし、中性脂肪を低下させる働きがあります。生活習慣病の予防のためにも多くとりたい成分です。

さらにＤＨＡには脳の神経細胞同士の情報交換をスムーズにする働きもあります。このことが脳の老化を抑えることにつながり、アルツハイマー型認知症の予防になるといわれています。

また、うれしいのは生活習慣病やがん、認知症などの発症に関わりのある活性酸

素の働きを抑える「抗酸化物質」が水煮缶の多くに含まれていること。例えばサケ缶に含まれるアスタキサンチンという色素は、目や脳の中に入って効力が発揮できる数少ない物質で、ビタミンEの1000倍の効果があるといわれています。大豆缶に含まれる大豆サポニンも抗酸化作用が強い成分で、血管などについた脂質を取り除く作用もあり、肥満防止にも有効だといわれます。

## そのまま食べれば0分
## 調理しても10分前後と超手軽！

今回ご紹介するレシピの多くは、10分前後で食卓にのせることができます。缶の中で下ごしらえがすんでいる状態ですので**魚をさばくための包丁もいりません**し、くさみを取る必要もありません。また、大豆など乾物なら長時間浸水させなくてはなりませんが、水煮缶ならそれも不要。時間のかかる**アサリの砂だしも、うずらの卵の皮むきも一切不要**です。

うま味がたっぷり詰まった缶汁をまるごと使えば味も決まりやすいので、味つけも楽。手間をかけずにおいしい料理ができあがります。

## 生を買うより圧倒的に経済的 しかも鮮度も長期間キープ

水煮缶は、缶に食材を詰め、真空状態にしてから密閉し、加圧・加熱殺菌を経て製造されます。ですから、缶が破損するなどして空気が入り込まない限り、酸化することはありません。缶を開けたらすぐに食べられる状態のまま、**何年も保存できます**。理論上では半永久的に腐敗しないそうです。

とはいえ、多くのメーカーは缶詰の賞味期限を3年としています。安売りをしている時に箱買いをして、ストックしておくといいでしょう。特にお財布に優しいサバ缶や大豆缶、ツナ缶などは、まとめ買いがおすすめです。

# 水煮缶イチオシ
# 栄養ランキング

それぞれの水煮缶は、こんなすごいパワーを持っているんです！

## サバ缶

脳の
老化防止に
イチオシ

脳の神経細胞の活性化をはじめ、悪玉コレステロールや中性脂肪の抑制など、マルチなパワーを秘めたDHAの含有量が断トツ！　特に脳への効果としては学習能力、記憶力アップの一助となることから、認知症予防にも期待されています。また、血管をキレイにし、やせるホルモン「GLP-1」の分泌を促すEPAも豊富です。

サバ水煮缶に
含まれるDHAは、
生のサバの倍以上！

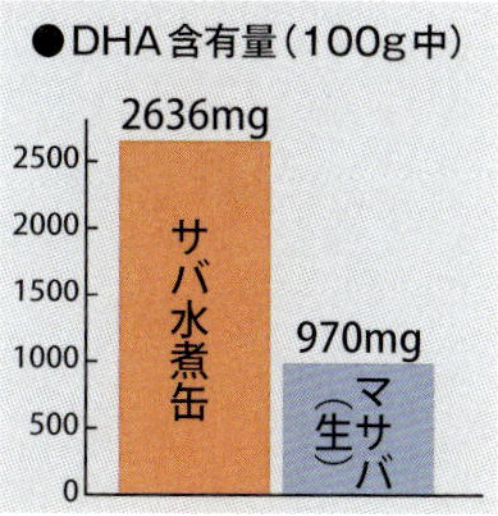

# サケ缶

イチオシの
抗酸化
パワー

抗酸化物質の働きは、さまざまな病気の発生に関わる活性酸素から体を守ること。ビタミンEなどが有名ですが、とりわけサケの色素であるアスタキサンチンのパワーは強く、その1000倍ともいわれます。また、アスタキサンチンだけがほかの抗酸化物質がたどり着けない脳・目の細胞に入り込み、脳いっ血の予防や眼精疲労の回復にも一役買う優れものです。

サケの色素・
アスタキサンチンの
抗酸化作用は、
アーモンドやアボカドに
含まれるビタミンEの
1000倍も!

# 大豆缶

更年期の
女性に
イチオシ

女性ホルモン・エストロゲンの分泌が急激に減ってくる閉経前後の女性は、ほてりやめまいなどの不定愁訴のほか、悪玉コレステロールや中性脂肪が増え、カルシウムが流出しやすくなります。大豆に含まれるイソフラボンは、エストロゲンと似た働きをします。更年期障害の症状の緩和をはじめ、悪玉コレステロールの蓄積などにも対抗してくれます。

イソフラボンは
エストロゲンと
似たような
化学構造と働きをする

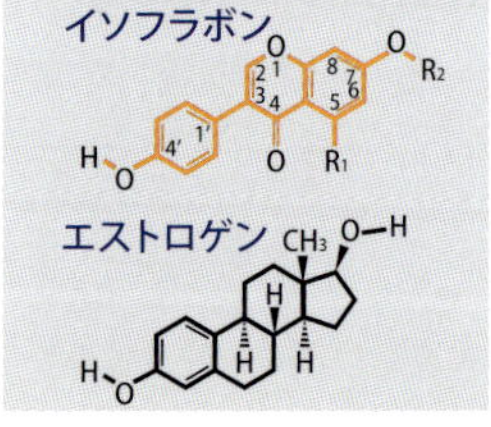

# うずらの卵缶

鶏卵は完全栄養食といわれていますが、じつはうずらの卵の方が、栄養価は上です。中でも神経や血液細胞を健康に保ちDNAの生成を助けるビタミン$B_{12}$は、鶏卵の5〜6倍も含まれています。ビタミン$B_{12}$には、動脈硬化を予防する働きも。

このほか、増血のビタミンといわれる葉酸は2倍、鉄分はほうれん草の1.5倍、リンは牛乳の2倍も含まれます。

**アンチエイジングにイチオシ**

鶏卵よりもビタミン$B_{12}$の含有量が5〜6倍多い！

ビタミン$B_{12}$が鶏卵の5〜6倍！

# ツナ缶

ツナ缶に多く含まれるEPAは、心疾患を引き起こす動脈硬化の予防に効果的。血管を強くし、血液中の中性脂肪を下げる作用があります。また、やせるホルモン「GLP-1」の分泌を促進する働きもあるので、ダイエットの強い味方になります。

サバ缶同様、DHAも豊富に含まれていますから、認知症の予防にも。

**動脈硬化予防にイチオシ**

ツナ水煮缶に含まれるEPAは、生のキハダマグロの11倍！

●EPA含有量（100g中）
ツナ水煮缶（ホワイト）110mg／キハダマグロ（生）10mg／ビンナガマグロ（生）37mg

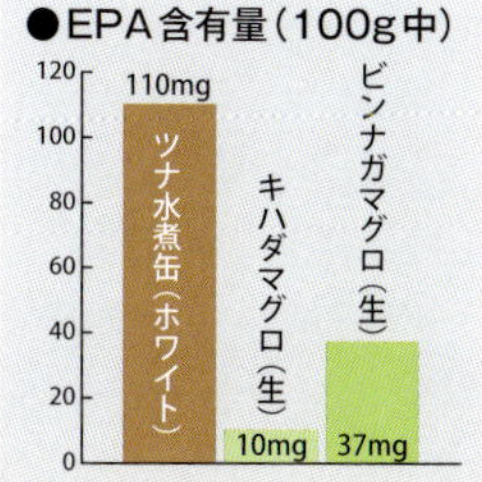

# アサリ缶

鉄分補給にイチオシ

野菜に多く含まれる非ヘム鉄に比べ、アサリ水煮缶に含まれるヘム鉄は体に吸収されやすく、貧血予防にはもってこいの食材です。しかも、生のアサリよりも水煮缶に多く含まれます。ビタミンCを含む野菜とともに食べると吸収率はアップ。缶汁にも鉄分のほかビタミン$B_{12}$などが溶け出しているので、捨てずにスープなどに使いましょう。

生のアサリよりも
アサリ水煮缶のほうが
GOOD!

あさり水煮
アサリ水煮缶
>
生のアサリ
鉄分9.5倍！

# ホタテ缶

肝機能強化にイチオシ

栄養ドリンクにも配合されるタウリンの含有量が、魚介類の中でもトップクラス！　タウリンの持つ肝臓の働きを活性化させる機能が、疲労回復にも効力を発揮します。ほかにも、血圧を正しく保ったり、血液中のコレステロール・中性脂肪を減らしたりする働きも。

水溶性なのでスープや鍋物など汁ごと食べられるレシピがおすすめです。

ホタテに多く含まれる
タウリンは
疲労回復にも効果あり！

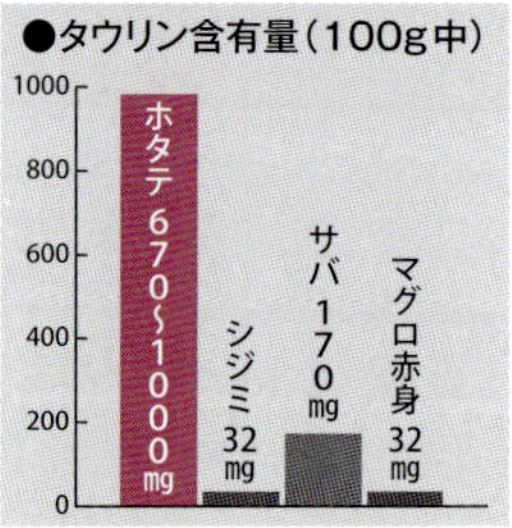

●タウリン含有量（100g中）
1000
800
600
400
200
0
ホタテ670〜1000mg
シジミ32mg
サバ170mg
マグロ赤身32mg

# もくじ

## サケ缶レシピ

# もくじ

## ツナ缶レシピ

## アサリ缶レシピ

## もくじ

### 本書の決まりごと

- Saba サバの水煮を使ったレシピ
- Sake サケの水煮を使ったレシピ
- Daizu 大豆の水煮を使ったレシピ
- Uzura うずらの卵の水煮を使ったレシピ
- Tsuna ツナの水煮を使ったレシピ
- Asari アサリの水煮を使ったレシピ
- Hotate ホタテの水煮を使ったレシピ

目安 10分　調理にかかる時間の目安です。

＊**材料の表記**
すべて２人分の分量です。

**大さじ１**　15cc、15㎖
**小さじ１**　5cc、5㎖
**適量**　適度な分量を加減しながら入れる
**適宜**　お好みで使うといいが、使わなくてもいい

＊**電子レンジ、トースターは600wのものを使用しています。**

アンチエイジングの強～い味方

# サバ缶レシピ

多くの水煮缶の中でも、健康効果ナンバーワンともいえるサバ缶。ただ少しクセがあるので、香味やソースで工夫してサバの持つうま味を引き出すメニューに。

Saba 火を使わずに手軽に完成！

## サバサンド

目安 10分

**材料**（２人分）

サバの水煮……１缶（190g）
※汁は切る
バゲット……１本
レタス……１枚
トマト……½個
A［マヨネーズ…大さじ１
　しょうゆ……小さじ１

汁を切ったサバの水煮は、さらにペーパータオルで水分を取って！

**動脈硬化や認知症の予防に！**

サバの脂に多く含まれるDHAとEPAが血液と血管をキレイにします。ダイエットにも効果あり！

### 作り方

1 トマトは輪切りにし、レタスは適当な大きさにちぎる。**A**は合わせておく。

2 バゲットを２等分し、それぞれ脇に切れ込みを入れトーストする。

3 ②にレタス、トマト、サバの水煮を挟み、サバの上に**A**を塗る。

### 材料（2人分）

サバの水煮…1缶（190g）
※汁は切る
マッシュルーム……………4個
ニンニク…………………2かけ
唐辛子（輪切り）……1本分
オリーブ油………… 100㎖
塩・こしょう…………… 少々

### 作り方

1 マッシュルームは縦半分に切り、ニンニクは薄切りにする。

2 フライパンにオリーブ油を入れ、①とサバの水煮、唐辛子を入れて弱火で5～6分加熱する。

3 塩・こしょうで味を調える。

サバのいい脂をとって血流改善

# サバときのこのアヒージョ

目安 8分

トマトやハーブを加えるとイタリアンな味に

サバとトマトの
最強コラボレーション

# サバトマトスープ

目安 10分

ゆでた
ブロッコリーを
プラスすると
色彩かな
ごちそうに！

**材料（２人分）**

サバの水煮…1缶（190g）
※汁ごと使う
カットトマト
……………… ½缶（200g）
にんじん ………………… ½本
水 ……………………… 300㎖
コンソメ固形 ……………… 1個
塩・こしょう……………… 少々
パセリ …………………… 適宜
粉チーズ ………………… 適宜

**作り方**

1. にんじんは乱切りにし、パセリはみじん切りにする。
2. 分量の水を鍋に入れて沸かしにんじんをゆで、やわらかくなったらサバの水煮（汁ごと）、カットトマト、コンソメを加えて中火で約３分煮立たせる。
3. 塩・こしょうで味を調え器に盛り、パセリと粉チーズをかける。

缶汁の栄養も
しっかりとりましょう

# サバと厚揚げの煮物

目安 10分

### 材料（2人分）

サバの水煮…1缶（190g）
※汁ごと使う
厚揚げ……………………1枚
あさつき…………………10g
ごま油……………………大さじ1
カツオ節…………………適量
A
- みりん………大さじ1
- 白だし………大さじ1
- しょうゆ……小さじ1
- 水……………100mℓ

### 作り方

1 あさつきは小口切りにする、厚揚げは2㎝幅に切る。

2 フライパンにごま油をひき、厚揚げを両面焼く。

3 ②にサバの水煮（汁ごと）とAを加えて中火で2～3分加熱したら器に盛り、カツオ節をかけあさつきを振る。

お好みで
仕上げに
七味唐辛子を
振りかけても

サバのくさみを感じさせない
意外な組み合わせ

# サバカレー

目安 10分

仕上げに
ピザ用チーズを
入れると
カルシウムも
とれます

## 材料（2人分）

サバの水煮……………1缶（190g）
※汁は切る
玉ねぎ………………………………½個
カットトマト……………1缶（400g）
カレールウ（市販）…………1かけ
オイスターソース………小さじ1
A
- おろししょうが（チューブ）……………………………1㎝分
- おろしニンニク（チューブ）……………………………1㎝分
- オリーブ油…………大さじ1

## 作り方

1. 玉ねぎはみじん切りにする。
2. 鍋にAを入れ弱火にかけ、香りが立ったら①を入れ中火であめ色になるまで炒める。
3. ②にカットトマト、粗くほぐしたサバの水煮、カレールウ、オイスターソースを入れ、弱火で3～4分とろみが出るまで煮込む。

**材料（2人分）**

サバの水煮……1缶（190g）
※汁は切る

ピーマン……2個
しめじ……½パック
ごま油……少々
オイスターソース……大さじ1
おろしニンニク（チューブ）……2㎝分
塩・こしょう……適宜

**作り方**

1 ピーマンは一口大に切る。しめじは石づきをとり、手でほぐす。

2 フライパンにごま油をひき、おろしニンニクを入れて炒め、香りが立ったらサバの水煮と①を入れて中火で約3分炒める。

3 オイスターソースを加えてさらに炒め、塩・こしょうで味を調える。

ビタミンもたっぷり
補給できる

# サバとピーマンの中華炒め

目安 10分

しめじの代わりに味のつきやすい油揚げでもOK

Saba

サバ＋みその組み合わせは
血液サラサラに相乗効果！

目安 8分

# サバみそペースト&スライス大根

焼いた油揚げや
トーストにのせても
イケます

## 材料（2人分）

大根……………………………10㎝分
大葉…………………………………適宜

A
- サバの水煮…1缶（190g）
  ※汁は切る
- みそ…………………………大さじ1
- マヨネーズ…………大さじ2

## 作り方

1 大根は皮をむき、1～2㎜の薄い輪切りにして塩水（分量外）に約3分浸す。ボウルにAを入れ、サバの水煮を崩しながらよく合わせておく。

2 大根の水気を切り、大葉に大根とAをのせて皿に盛る。

いつものサラダを
グレードアップ！

# サバトマトサラダ

目安
5分

玉ねぎの
みじん切りで
血液サラサラ
効果倍増！

プチトマトを
加えると
華やかな
一皿に

**材料（２人分）**

サバの水煮…1缶（190g）
※汁は切る
トマト……………………………1個
玉ねぎみじん切り
……………………………大さじ1
かいわれ大根……½パック
A
- めんつゆ（3倍濃縮）……………大さじ1
- 酢……………………大さじ1

**作り方**

1 トマトはくし切りにする。かいわれ大根は根を切り落とし３㎝長さに切る。**A**は合わせておく。

2 皿にトマト、サバの水煮、かいわれ大根、玉ねぎのみじん切りを盛りつけ、**A**を回しかける。

Saba 豆腐とチーズでタンパク質がたっぷりとれます

# サバグラタン

目安 10分

**材料（２人分）**

サバの水煮‥1缶（190g）
※汁は切る
木綿豆腐……1丁（190g）
ピザ用チーズ………100g
マヨネーズ…………大さじ2
パセリ………………………適量

**作り方**

1 豆腐は水切りをして、３㎝の角切りにする。パセリはみじん切りにする。

2 グラタン皿に豆腐、サバの水煮、ピザ用チーズをのせ、マヨネーズをかけてトースターで７～８分焼く。

3 焼き上がった②に、パセリを振りかける。

お手軽でも栄養
たっぷりのランチに

# サバのペペロンチーノ

目安 10分

**材料（２人分）**

- サバの水煮…1缶（190g）
  ※汁は切る
- スパゲッティーニ…………2束（200g）
- ニンニク……………1かけ
- キャベツ……………100g
- オリーブ油………大さじ2
- 塩・こしょう…………少々
- チャービル……………適宜

**作り方**

1. ニンニクは薄切りにし、キャベツは一口大に切る。
2. 湯（分量外）を沸騰させた鍋に塩大さじ１（分量外）を入れ、スパゲッティーニを表示時間通りにゆでてザルに上げる。
3. フライパンにオリーブ油をひきニンニクを入れて弱火にかけ、香りが立ったらサバの水煮、キャベツを入れてサッと炒める。
4. ②を加えてざっくりと混ぜ合わせ、塩・こしょうで味を調える。
5. ④を皿に盛り、チャービルを飾る。

玉ねぎの薄切りをキャベツと一緒に入れてもGOOD

しょうゆの代わりに
ポン酢しょうゆでも
おいしく
いただけます！

Saba 高野豆腐のレシチンは
記憶力の低下を予防

# サバおろし ハンバーグ

目安 15分

## 材料（2人分）

| | |
|---|---|
| サバの水煮 | 1缶（190g）※汁は切る |
| 長ねぎ | 15㎝分 |
| 卵 | 1個 |
| 高野豆腐 | 1個（16g） |
| おろししょうが（チューブ） | 2㎝分 |
| 塩・こしょう | 少々 |
| 大根 | 100g |
| 大葉 | 4枚 |
| しょうゆ | 適宜 |

## 作り方

1 長ねぎはみじん切り、大葉は1枚を残して千切りにする。大根と高野豆腐はそれぞれおろし金でおろしておく。

2 ボウルにサバの水煮、長ねぎ、卵、おろした高野豆腐、大葉の千切り半量、おろししょうが、塩・こしょうを入れ、よく練って2等分して小判形にまとめる。

3 フライパンに油（分量外）をひき、②の両面を中弱火で焼く。

4 ①の残した大葉とともに③を皿に盛り、大根おろしと残りの千切り大葉をのせ、お好みでしょうゆをかける。

ポン酢しょうゆを
使うことで塩分を
控えられます

薬味が生きる
サッパリとしたおいしさ

目安
5分

# サバ冷ややっこ

**材料**（2人分）

サバの水煮……1缶（190g）
※汁は切る
小ねぎ……10g
温泉卵……1個
白ごま……適宜
A［ポン酢しょうゆ‥大さじ1
　ゆずこしょう……適宜

**作り方**

1 小ねぎは小口切りにする。**A**は合わせておく。

2 器にサバの水煮、温泉卵、小ねぎをのせ、**A**を回しかけ、白ごまを振る。

質の高いタンパク質が
一気にとれる

# サバユッケ

目安
5分

卵黄を崩して
いただきます。
ご飯との相性も
抜群

### 材料（2人分）

サバの水煮…1缶（190g）
※汁は切る
木綿豆腐…½丁（200g）
みょうが……………………1個
大葉……………………………2枚
ポン酢しょうゆ
……………………大さじ1
白ごま………………大さじ1

### 作り方

1 みょうがはみじん切り、大葉は千切りにする。豆腐は水を切っておく。

2 皿に豆腐をのせ、サバの水煮、みょうが、大葉、白ごまをのせてポン酢しょうゆを回しかける。

ゆずこしょうはお好みで。入れなくてもOK

スピーディーで栄養豊富な一品

目安 5分

# 温玉サバポン酢

### 材料（2人分）

サバの水煮…1缶（190g）
※汁は切る
きゅうり……………………⅓本
卵黄……………………………1個
おろしニンニク（チューブ）
……………………………2cm分
ごま油………………大さじ1
ポン酢しょうゆ…大さじ1

### 作り方

1 きゅうりは千切りにする。

2 ボウルにサバの水煮を入れ軽くほぐし、①、おろしニンニク、ごま油、ポン酢しょうゆを入れ混ぜる。

3 器に盛り、中心に卵黄をのせる。

Saba さっと食べられて栄養満点！
夏場にうれしい一品

# サバ薬味そうめん

目安 10分

小ねぎを
大葉の千切りに
代えても
おいしく
いただけます

## 材料（2人分）

サバの水煮 ……1缶（190g）
※汁は切る
そうめん ……2束（100g）
梅干し …… 2個
小ねぎ …… 10g
しょうが …… 1かけ
**A** めんつゆ …… 200㎖
（表示通りに水で薄める）

## 作り方

1 梅干しは種をとり、たたいておく。小ねぎは小口切り、しょうがは千切りにする。

2 そうめんはゆでて水で洗い、水けをよく切る。

3 器に②、サバの水煮を盛りつけ、①、**A**を回しかける。

サバ缶の栄養を
まるごといただく

目安 **5分**

# サバの冷や汁

食欲の落ちる
夏の栄養補給に
ぴったりな
レシピです

## 材料（２人分）

| | | |
|---|---|---|
| | サバの水煮 | 1缶（190g）※汁ごと使う |
| | 木綿豆腐 | ½丁（200g） |
| | きゅうり | 1本 |
| A | みそ | 大さじ１と½ |
| A | 白ごま | 小さじ1 |
| A | 白だし | 大さじ1 |
| A | 水 | 300㎖ |

## 作り方

1. 豆腐は手でちぎる。きゅうりは薄切りにする。
2. 器にサバの水煮と豆腐を入れる。
3. Aと水煮缶の汁を合わせて②に入れ、きゅうりを散らす。

もやしの代わりに
ざく切りにした
ニラでもOK

Saba 餃子もサバ缶を使うと
ヘルシーに

# サバ餃子

目安 15分

**材料**（2人分）

サバの水煮……1缶（190g）
※汁は切る
もやし……½袋
小ねぎ……10g
餃子の皮……20枚
かいわれ大根……適宜

A
- しょうゆ……大さじ1
- おろししょうが（チューブ）……2㎝分
- ごま油……大さじ1
- 塩・こしょう……少々

**作り方**

1 もやしは1㎝幅のざく切りに、小ねぎはみじん切りにする。かいわれ大根は根元を切る。

2 ボウルにサバの水煮を入れ、もやしと小ねぎ、Aを合わせてよく練る。

3 餃子の皮に②をのせ、包む。

4 フライパンに油（分量外）をひき、③を並べ、ふたをして4～5分中弱火で加熱し、大さじ1の水（分量外）を回しかけ蒸し焼きにする。

5 皿に④を盛り付け、かいわれ大根を添える。

オリーブ油とサバ缶の汁がベストマッチ

# サバのアクアパッツァ

目安 10分

**材料（2人分）**

- サバの水煮……1缶（190g）
  ※汁ごと使う
- ニンニク……1かけ
- ミニトマト……6個
- 白ワイン……大さじ4
- オリーブ油……大さじ4
- 塩・こしょう……適宜
- バジル……適宜

**作り方**

1. ニンニクはみじん切りにする。ミニトマトはヘタをとり、縦に2等分する。
2. フライパンにオリーブ油をひき、ニンニクを炒め、白ワインを加える。
3. ②に汁を切ったサバの水煮とミニトマトを入れてサッと炒める。
4. ③に水煮缶の汁を足して煮詰め、塩・こしょうで味を調える。
5. ④を皿に盛り、バジルを添える。

味の染み込みやすいきのこ類を加えても

Saba

手間のかかる麻婆豆腐も
缶詰効果で時短に！

# サバ麻婆豆腐

目安
15分

## 材料（2人分）

- サバの水煮…1缶（190g）※汁は切る
- 木綿豆腐……1丁（300g）
- 長ねぎ……15㎝分
- ニンニク……1かけ
- 鶏ガラスープ……150㎖
- 糸唐辛子……適宜
- 片栗粉……大さじ1
- ごま油……大さじ2
- A
  - 豆板醤……大さじ1
  - みそ……大さじ1
  - しょうゆ……大さじ1

## 作り方

1 豆腐は2㎝の角切りにする。長ねぎとニンニクはみじん切りにする。**A**は合わせておく。片栗粉は大さじ２の水（分量外）で溶いておく。

2 フライパンにごま油をひき、ニンニクを炒めて香りが出たらサバの水煮を入れる。

3 ②に**A**と鶏ガラスープを加えて混ぜ、ひと煮立ちしたら、豆腐を入れ、3～4分弱火で煮込む。

4 ③に長ねぎと水溶き片栗粉を加えてサッと混ぜる。

5 ④を器に盛り、糸唐辛子をのせる。

唐辛子や
ラー油を加えて
ピリ辛にすると
大人の味

• column •

# 忙しい日々に活用したい さらなる「時短レシピ」のコツ

水煮缶はすでに「時短」の強い味方となりますが、さらに調理時間を短くするためのコツを２点お伝えします。

## ●調理器具に工夫をする

例えば、22ページの「サバときのこのアヒージョ」などは調理から提供までがフライパンひとつで完了しますし、70ページの「チリコンカン」などの具だくさんの一品も鍋ひとつで手軽に作ることができます。さらに、包丁やまな板を使わずにキッチンバサミを使用すると、洗い物も少なくなり時短の強い味方に！

## ●火の通りやすい食材を使う

缶詰だけではなく、火の通りやすい野菜を使うことによっても時短が図れます。47ページの「サケちゃんちゃん焼き」のキャベツのように葉物野菜などはすぐに火が通るのでおすすめ。火が通りにくいものは、薄切りにするだけでもぐっと時短になります。

このほか、89ページの「ツナ納豆丼」のようにのせるだけで食べられる食材を組み合わせるのもひとつの手です。

体のサビを落とす抗酸化成分がたっぷり

# サケ缶レシピ

うま味は強いがクセはなく、魚の水煮では色も良いのでご飯、麺、サラダ、スープなど、どんなメニューにも活用できます。

サケをおいしくしてくれる
彩り豊かなニラと卵

## サケとニラのチヂミ

目安 10分

**材料**（2人分）

サケの水煮…1缶（150g）
※汁は切る
ニラ……………………½束
卵……………………2個
小麦粉…………大さじ2
ごま油…………大さじ1
A ┌ポン酢しょうゆ
　│……………大さじ2
　└七味唐辛子………少々

タレにマヨネーズを
加えると
お好み焼き風味に

**老化の原因となる活性酸素を抑制！**

抗酸化物質・アスタキサンチンが
目の疲労回復にも効果を発揮！
生活習慣病を抑制し
お肌をキレイにします。

## 作り方

1 サケの水煮は細かくほぐす。ニラは3㎝長さに切る。

2 ボウルに卵を割り入れて溶きほぐし、①と小麦粉を加えてざっくりと混ぜる。

3 フラインパンにごま油をひき、②を半量流し入れ両面を４～５分弱火で焼く。残りの半量も同様に焼く。

4 ③を皿に盛り、Aのタレを添える。

**材料**（２人分）

サケの水煮…1缶（150g）
※汁は切る
キャベツ……………100g
すだち……………………1個
塩・こしょう…………少々
ポン酢しょうゆ
…………………大さじ2

**作り方**

1 キャベツは一口大に切り、すだちは輪切りにする。

2 ホイルにキャベツ、サケの水煮、すだちをのせ、塩・こしょうを振って包む。

3 フライパンに②をのせて水（分量外）を少々周りに注ぎ、ふたをして弱火で８分ほど蒸し焼きにする。

4 ③を皿にのせ、ポン酢しょうゆをかける。

サケのうま味が
キャベツに染み込む

目安
10分

# サケとキャベツの ホイル焼き

すだちには
脂肪燃焼効果も
期待できます

しらたきを
使うことで
ヘルシーに
ダイエット

Sake

ピリ辛だけど
あっさりいただける

目安 10分

# サケとしらたきのキムチスープ

**材料**（2人分）

サケの水煮…1缶（150g）
※汁ごと使う
しらたき………………… ½袋
白菜キムチ……………50g
ごま油…………………… 適量
だし汁……………… 250㎖

**作り方**

1 しらたきは熱湯でサッとゆで、ざく切りにする。白菜キムチは2㎝長さに切る。

2 鍋にごま油を熱し、サケの水煮（汁ごと）と①を入れサッと炒める。

3 ②にだし汁を加えてひと煮立ちさせ、器に盛る。

低糖質のモッツァレラ
チーズとのコラボ

目安
5分

# サケのカプレーゼ風サラダ

**材料**（2人分）

サケの水煮…… 1缶（150g）
※汁は切る
トマト……………………………1個
モッツァレラチーズ
………………… 1個（100g）
バジル …………………………適宜
A オリーブ油……大さじ2
A 塩 …………………………少々
A 黒こしょう …………少々

**作り方**

1 トマトとモッツァレラチーズは輪切りにする。サケの水煮はほぐしておく。**A**は合わせておく。

2 トマトの上にモッツァレラチーズ、バジル、サケの水煮の順にのせ、**A**をかける。

塩の代わりに
ハーブソルトを
使っても
GOOD!

クルミの脂肪酸も
血管を強くします！

目安
5分

# サケのエスニックサラダ

ナンプラーには
血圧を下げ
精神を安定させる
作用も

## 材料（2人分）

| | |
|---|---|
| サケの水煮 | 1缶（150g）※汁は切る |
| パクチー | 1束 |
| 玉ねぎ | ½個 |
| クルミ | 10g |
| A ナンプラー | 大さじ1 |
| A ごま油 | 大さじ1 |
| A 塩・こしょう | 少々 |

## 作り方

1 パクチーは3㎝幅に切る。玉ねぎは薄くスライスする。クルミは細かく刻む。**A**は合わせておく。

2 ボウルにサケの水煮、①を入れて混ぜ合わせ、皿に盛る。

カロテンたっぷりの
ほうれん草と一緒に

# サケのクリームパスタ

目安 15分

## 材料（2人分）

サケの水煮………1缶（150g）
※汁は切る
スパゲッティーニ
………………2束（200g）
玉ねぎ…………………………¼個
ほうれん草……………………½束
生クリーム……………………100mℓ
コンソメ顆粒……………小さじ1
オリーブ油………………大さじ1
黒こしょう……………………適宜

## 作り方

1. スパゲッティーニを表示時間通りにゆでる。玉ねぎは薄切り、ほうれん草は5cm幅に切る。
2. フライパンにオリーブ油をひき、玉ねぎ、ほうれん草を炒める。
3. ②に火が通ったらサケの水煮、生クリーム、コンソメを入れひと煮立ちさせる。
4. ゆで上がったスパゲッティーニを③に入れ、ざっくりと混ぜる。
5. 皿に盛り、黒こしょうを振りかける。

黒こしょうの
代わりに
粉チーズをかけると
カルボナーラ風に

スピーディーにできる
北海道のソウルフード

# サケちゃんちゃん焼き

目安 10分

キャベツの
代わりに
玉ねぎや
白菜にしても
おいしい♪

**材料**（2人分）

サケの水煮…… 1缶（150g）
※汁は切る
キャベツ …………………100g
ごま油…………………大さじ1

A
- みそ ……………大さじ1
- めんつゆ（3倍濃縮）
…………………大さじ1

**作り方**

1 キャベツは一口大に切る。**A**は合わせておく。

2 フライパンにごま油をひき、サケの水煮、キャベツを入れて炒め、ふたをして弱火で約3分蒸し焼きにする。

3 ②に**A**を加えて炒め、皿に盛る。

缶汁をだし代わりにして
炊き込む

# サケピラフ

目安 5分
※浸水・炊飯時間を除く

サケのうま味をまるごといただきましょう！

**材料**（2人分）

サケの水煮……… 1缶（150g）
※汁ごと使う
米……………………………… 2合
ミックスビーンズ…………… 30g
にんじん……………………… $\frac{1}{2}$本
A 白ワイン…………… 大さじ1
A コンソメ顆粒……… 小さじ1
A 塩・こしょう…………… 少々

**作り方**

1. 米は研いでざるに上げ、30分置く。にんじんは1㎝の角切りにする。
2. 炊飯器に①、サケの水煮（汁ごと）、ミックスビーンズ、Aを入れ、2合の目盛りまで水（分量外）を加えて炊く。

赤パプリカの
代わりに
ミニトマトを
加えても

Sake

サケとチーズの
組み合わせが骨を強化

# スペイン風 サケオムレツ

目安 15分

## 作り方

1 しめじは石づきをとり、赤パプリカは1㎝角に切る。

2 ボウルに卵を割り入れて溶きほぐし、サケの水煮、ピザ用チーズを入れて混ぜる。

3 直径16㎝程度のフライパンにオリーブ油をひき、しめじと赤パプリカを炒める。

4 ③に②を注いで軽くほぐし、ふたをして弱火で８分ほど焼く。

5 皿に盛り、イタリアンパセリを添える。

## 材料（２人分）

サケの水煮……1缶（150g）
※汁は切る
しめじ……½パック
赤パプリカ……½個
卵……2個
オリーブ油……大さじ1
ピザ用チーズ……大さじ2
イタリアンパセリ……適宜

いつもの酢の物が
味もタンパク質もup!!

# サケときゅうりの酢の物

目安 **5分**

### 材料（2人分）

サケの水煮……1缶（150g）
※汁は切る

きゅうり…………………… 1本

ワカメ（乾燥）……………… 5g

A
- 酢…………………大さじ2
- めんつゆ（3倍濃縮）
  …………………小さじ1

### 作り方

1. きゅうりは薄切りにして塩（分量外）をまぶしてもみ込む。ワカメは水で戻し、一口大に切る。
2. ボウルにサケの水煮、①、**A**を入れて混ぜ合わせ、器に盛る。

梅肉をプラスしても
おいしくいただけ
ます

## 材料（2人分）

サケの水煮……1缶（150g）
※汁は切る
かいわれ大根………½パック
大根…………………………100g

A
- ポン酢しょうゆ …………………大さじ2
- ゆずこしょう（チューブ） ……………………1cm分

## 作り方

1. かいわれ大根は根元を切り、半分に切る。大根はおろし金でおろしておく。Aは合わせておく。
2. 皿にサケの水煮、かいわれ大根、大根おろしを盛り付け、Aをかける。

かいわれ大根の代わりにブロッコリーやマスタードのスプラウトでも

Sake

食欲のない日もさっぱりいただける

# サケとかいわれ大根のおろしポン酢

目安 5分

**材料**（２人分）

サケの水煮… 1缶（150g）
※汁ごと使う
ほうれん草 ……………… 2株
水 ……………………… 350mℓ
だしパック ………… 1パック
みそ ………………… 大さじ1

**作り方**

1 ほうれん草は３㎝幅に切る。

2 鍋に水を入れて火にかけ、煮立ったらだしパックを煮出し、サケの水煮（汁ごと）、ほうれん草を加えてひと煮立ちさせる。

3 ②の火を止め、みそを溶かす。

サケとみそのコンビが
Wで美肌をサポート！

## サケのみそ汁

目安 8分

大葉とみょうがが
サケのうま味を引き立てる

## サケの薬味丼

目安 10分

**材料**（2人分）

サケの水煮…1缶（150g）
※汁は切る
みょうが……………………1本
大葉…………………………4枚
白ごま……………… 大さじ1
刻みのり…………………適宜
ご飯…………………… 2膳分
A［しょうゆ……… 大さじ1
ごま油………… 大さじ1

**作り方**

1 みょうがはみじん切り、大葉は細切りにする。Aは合わせておく。
2 ボウルにサケの水煮、みょうが、白ごま、Aを混ぜ合わせる。
3 丼にご飯を入れて刻みのり、②をのせ大葉を散らす。

しょうがの
みじん切りを
加えてもおいしく
いただけます

お手軽で栄養たっぷりのメインディッシュ

# 豆腐ステーキサケソース

目安 10分

サケソースはパスタにもよく合います

## 材料（2人分）

サケの水煮… 1缶（150g）
※汁は切る
トマト…1個
ニンニク…1かけ
塩・こしょう…少々
木綿豆腐……1丁（300g）
オリーブ油…大さじ2
イタリアンパセリ……適宜

## 作り方

1. トマトは1cmのざく切り、ニンニクはみじん切りにする。豆腐は水を切り、横4等分に切る。
2. フライパンにオリーブ油大さじ１をひき、きつね色になるまで豆腐の両面を焼き、皿に盛る。
3. ②のフライパンに残りのオリーブ油をひき、ニンニクを炒める。
4. 香りが立ったらトマト、サケの水煮を炒めて塩・こしょうで味を調えて②の上にかけ、イタリアンパセリを飾る。

美肌を応援するバターをプラスして
コクと風味をアップ！

# サケとニンニクのしょうゆバターご飯

目安 10分
※浸水・炊飯時間を除く

ニンニクとバターの香りが食欲をそそります

## 作り方

1. 米は研いで炊飯釜に入れ、2合の目盛りまで水（分量外）を入れて30分吸水させる。ニンニクとパセリはみじん切りにする。
2. 米の上にサケの水煮（汁ごと）とニンニク、しょうゆ、バター半量をのせて炊く。
3. 炊き上がったら茶わんに盛り、残りのバターとパセリをのせる。

## 材料（2人分）

サケの水煮……1缶（150g）※汁ごと使う
米……2合
ニンニク……1かけ
パセリ……少々
しょうゆ……大さじ2
バター……20g

**材料**（２人分）

サケの水煮…1缶（150g）
※汁は切る

じゃがいも……………… 2個
玉ねぎ …………………… ⅛個
パセリ …………………… 適量
マヨネーズ ………… 大さじ2
塩・こしょう …………… 少々

**作り方**

1 じゃがいもは一口大に切り、玉ねぎは薄切りにする。パセリはみじん切りにする。

2 じゃがいもは軟らかくなるまでゆで、ザルに上げて水を切り、熱いうちに皮をむく。

3 ボウルに②を入れてざっくり崩し、玉ねぎ、パセリ、サケの水煮、マヨネーズを入れてよく混ぜ、塩・こしょうで味を整え器に盛る。

カレー粉をプラスしても。風味がアクセントに！

Sake

玉ねぎのシャキシャキ感と
サケのしっとり感のコラボ

# サケのポテトサラダ

目安 10分

サケのうま味が
ご飯にしっかり染み込む

# サケのリゾット

目安 10分

黒こしょうは
体を温めるので
寒い冬に
おすすめ

## 材料（2人分）

| | |
|---|---|
| サケの水煮 | 1缶（150g）※汁ごと使う |
| ブロッコリー | 50g |
| ご飯 | 2膳分 |
| 無調整豆乳 | 150㎖ |
| コンソメ顆粒 | 小さじ2 |
| 塩 | 少々 |
| 黒こしょう | 少々 |

## 作り方

1. ブロッコリーは一口大に切り、下ゆでしておく。
2. 鍋にご飯、無調整豆乳、ブロッコリー、コンソメを入れて煮立たせる。
3. サケの水煮（汁ごと）を加えひと煮立ちさせ、塩で味を調える。
4. ③を皿に盛り付け、黒こしょうを振りかける。

**材料**（2人分）

サケの水煮…1缶（190g）
※汁ごと使う
キャベツ………1枚（50g）
しめじ………………½パック
小麦粉………………小さじ2
塩・こしょう……………少々

A
- 牛乳……………350㎖
- コンソメ顆粒………………小さじ2

**作り方**

1 キャベツは一口大に切り、しめじは石づきをとり、手でほぐす。

2 鍋に油（分量外）をひき、①を入れて炒め、火が通ったら小麦粉を加えて粉っぽさがなくなるまで炒める。

3 ②にAを加え、弱火で5～6分煮たらサケの水煮（汁ごと）を加えひと煮立ちさせ、塩·こしょうで味を調える。

目にも肌にもいい
サケの水煮のスープ

# サケチャウダー

目安 10分

缶汁ごとプラス
することで
味に深みが
出ます

相性のいい
しょうゆマヨネーズソースで

# サケとえのきだけのマヨ焼き

目安 10分

お好みで粉チーズをかけてみてください

## 材料（2人分）

サケの水煮……1缶（190g）
※汁は切る
えのきだけ…………1パック
ミニトマト…………………8個
A ［マヨネーズ……大さじ2
　 しょうゆ………大さじ1

## 作り方

1 えのきだけは石づきをとり、半分に切る。ミニトマトはヘタをとり、縦に2等分する。Aは合わせておく。

2 グラタン皿に軽くほぐしたサケの水煮、えのきだけ、ミニトマトをのせ、Aをかけてトースターで7～8分焼く。

電子レンジの
W数によって
熱加減が変わるので
様子を見ながら
調整しましょう

寒い時期にはうれしい
ほっこりやさしい一品

目安
5分

# サケ茶わん蒸し

## 材料（2人分）

サケの水煮…1缶（150g）
※汁ごと使う
卵……2個
水……240㎖
白だし……大さじ1
小ねぎ……10g

## 作り方

1. 小ねぎは小口切りにする。
2. 卵を割りほぐし、水、白だしを合わせて混ぜ、茶こしでこして器に半量ずつ入れる。
3. ②にサケの水煮（汁ごと）を加え、電子レンジで2分ほど加熱して取り出す。
4. ③に小ねぎを散らす。

長ねぎを加えても
おいしく
いただけます

しょうがの辛みが
サケのうま味を引き立てる

# サケと白菜の あっさり煮

目安 15分

**材料（２人分）**

サケの水煮……1缶（150g）
※汁ごと使う
白菜……………………………¼個
しょうが……………………1かけ

A
- 水………………………150mℓ
- 白だし…………大さじ1
- みりん…………大さじ1

**作り方**

1. 白菜は根元を切り、５㎝幅に切る。しょうがは皮をむき、千切りにする。
2. 鍋にサケの水煮（汁ごと）と白菜、半量のしょうが、Aを合わせて入れて火にかけ、弱火で10分煮込む。
3. 器に取り分け、残りのしょうがをのせる。

を遅らせ、血糖値の急上昇を抑えることが大切です。すぐにできるコツをご紹介しましょう。

**●糖質の多い単品メニューより定食を**

糖質はタンパク質や油脂、野菜と一緒にとることで吸収が穏やかになります。外食ではラーメンやチャーハン、パスタなどの単品メニューではなく、なるべく小鉢が複数付いた定食を選びましょう。

**●やむをえず単品なら、具材入りを**

ラーメンよりチャーシュー麺、かけうどんより肉うどん、ざるそばより天ざるを選びましょう。具材をプラスした方が糖質の吸収が穏やかになります。

**●炭水化物は精製度が低いものを**

白米よりも五穀米や玄米、白パンよりもライ麦パン、パスタは全粒粉のほうが、血糖値の上昇はゆるやかになります。

**●食べる順序は野菜やタンパク質から**

食事の時は先に野菜、肉、魚などのおかずや、具材から食べ始めましょう。そうすることによって胃腸の動きが落ち着き、後からご飯や麺などの糖質が入ってきた時に、その吸収をゆっくりさせる効果があります。

水煮缶のタンパク質をたっぷりとりながら、日々の血糖値コントロールで、若さと健康をキープしてください！

• column •

# 健康と若さを保つ秘訣は
# 水煮缶+毎日の血糖値コントロール!

ヘルシーな水煮缶を毎日の食事に取り入れたとしても、糖質中心の食事をしていては効果はまず現れません。ご飯、パン、麺類など、糖質中心の食事は、血液中のブドウ糖の濃度=「血糖値」を急上昇させ、体に大きな負担となります。

### ①肥満が生活習慣病を招く

血糖値が急上昇するとそれを下げるために、膵臓からインスリンというホルモンが大量に出て、使われなかった余分なブドウ糖を中性脂肪に変えて体に溜め込みます。これが太る仕組みです。つまり糖質中心の食事は肥満につながり、高脂血症・高血圧・糖尿病などの生活習慣病のリスクをグンと高めます。

### ②老化を早める

また、血糖値が高いと、血液中の糖質が体内のタンパク質と結びつき、AGEという老化物質を作り出します。AGEは美容の大敵で、シミやシワを増やす原因となります。

## 血糖値をコントロールする食事の選び方・とり方

リスクを避けるためには、糖質が体に吸収されるスピード女性の美容と健康に貢献！

# 大豆缶レシピ

肉のかさ増しからちょっとしたおやつまで、食感を活かしたメニューを用意。イソフラボンたっぷりの大豆メニューは、女性の健康生活をサポートします。

バゲットを
添えたら
立派な朝食の
できあがり

良質なタンパク質たっぷり！
朝食の定番メニューに

## 大豆とベーコンのミルクスープ

目安 10分

**材料（2人分）**

大豆の水煮……1缶（100g）
※汁は切る
ベーコン……1枚
玉ねぎ……¼個
バター……10g
牛乳……200mℓ
水……200mℓ
コンソメ固形……1個
塩・こしょう……少々
パセリ……適宜

**更年期を軽やかに乗り切ろう！**

大豆に含まれる
イソフラボンやサポニンが
更年期の不定愁訴の軽減や
悪玉コレステロールの抑制に作用！

**作り方**

1. ベーコンは1㎝幅に切る。玉ねぎ、パセリはみじん切りにする。
2. 鍋にバターをひき、ベーコンと玉ねぎを炒め、大豆の水煮を加える。
3. ②に水とコンソメを加え、弱火で５～６分煮る。
4. 牛乳を加えてひと煮立ちさせ、塩・こしょうで味を調え、器に盛ってパセリを散らす。

## 材料（２人分）

大豆の水煮 … 1缶（100g）
※汁は切る

鶏肉（手羽先）……… 200g

小ねぎ …………………… 10g

A
- 水 ………………… 400mℓ
- 酒 …………………… 50mℓ
- めんつゆ（3倍濃縮）…………………… 30mℓ

## 作り方

1 鶏肉は包丁で数カ所に切り込みを入れる。小ねぎは小口切りにする。

2 鍋にAを入れて火にかけ、沸騰したら鶏肉、大豆の水煮を入れて弱火で7～8分煮込む。

3 ②を皿に盛り、小ねぎを散らす。

手軽にできる
栄養満点のメイン料理

# 大豆と鶏肉のうま煮

目安
10分

鶏肉のビタミンAは風邪予防に有効です

やみつきになるおいしさ

# フライビーンズ

目安 8分

砂糖の代わりに
チリパウダーを
使うと
メキシカンに

## 材料（2人分）

大豆の水煮…1缶（100g）
※汁は切る
片栗粉……………大さじ2

| | | |
|---|---|---|
| A | 水 | 小さじ½ |
| | 砂糖 | 大さじ1 |
| | しょうゆ | 大さじ1 |

## 作り方

1. 大豆の水煮に片栗粉をまぶす。
2. 耐熱皿に**A**を入れ、電子レンジで30秒温める。
3. フライパンに多めの油（分量外）を熱し、①を入れカリッとするまで揚げ焼きにする。
4. ③の油を切り、②をからめる。

粒マスタードの
代わりに
マヨネーズでも

体作りにもってこいの
パワーサラダ！

# 大豆とツナのサラダ

目安
5分

大豆は
粗く刻むことで
歯ごたえも
アップ

**材料**（2人分）

大豆の水煮……………1缶（100g）
※汁は切る

ツナの水煮……………1缶（70g）
※汁は切る

トマト……………1個

玉ねぎ……………¼個

パセリ……………適宜

A
- 粒マスタード……………小さじ1
- オリーブ油……………大さじ1
- 酢……………大さじ1
- 塩・こしょう……………少々

**作り方**

1 トマトと玉ねぎ、パセリはみじん切りにする。**A**は合わせておく。

2 ボウルに大豆の水煮、ツナの水煮、トマト、玉ねぎ、**A**を混ぜ合わせて器に盛り、パセリを散らす。

Daizu

大豆でかさも、
ヘルシー度もアップ!

目安
20分

# 大豆ハンバーグ

## 材料(2人分)

大豆の水煮 …… ½缶(50g)
※汁は切る
合いびき肉 …… 160g
溶き卵 …… ½個分
玉ねぎ …… ¼個
塩 …… 小さじ½
こしょう …… 少々
サラダ油 …… 小さじ2
A
- トマトケチャップ …… 大さじ2
- ウスターソース …… 大さじ1
- 水 …… 大さじ1

ベビーリーフ …… 適宜

## 作り方

1 大豆の水煮は粗く刻む。玉ねぎはみじん切りにする。

2 ボウルに合いびき肉、溶き卵、①、塩とこしょう、Aを入れてよくこね、2等分して小判形にまとめる。

3 フライパンにサラダ油を熱し②を入れて強火で焼く。

4 ③の両面に焼き色がついたら弱火にし、ふたをして8～10分蒸し焼きにして皿に盛り、お好みでベビーリーフを添える。

食材同士が味を引き立てあう
メキシコ生まれのスープ

# チリコンカン

目安 **15**分

抗酸化作用のある
チリパウダーは
美容にもいい

## 材料（2人分）

| | |
|---|---|
| 大豆の水煮 | 1缶（100g）※汁は切る |
| ベーコン | 100g |
| 玉ねぎ | ½個 |
| ニンニク | 1かけ |
| 乾燥パセリ | 適量 |
| オリーブ油 | 大さじ1 |
| バゲット | 6枚 |
| A カットトマト | 1缶（400g） |
| A チリパウダー | 小さじ2 |
| A 塩 | 少々 |
| A コンソメ顆粒 | 小さじ1 |
| A タバスコ | 少々 |

## 作り方

1 玉ねぎとニンニクはみじん切りにする。ベーコンは1㎝幅に切る。

2 鍋にオリーブ油を熱し、ニンニクを炒め、香りが立ってきたらベーコン、玉ねぎ、大豆の水煮を加えて軽く炒める。

3 ②に**A**を入れて中弱火で10分ほど煮込み、器に盛り付け、乾燥パセリを振りかける。

4 ③にトーストしたバゲットを添える。

Daizu

不足しがちなミネラルを
ひじきで補給

# 大豆とひじきのサラダ

目安 5分

ひじきに含まれる食物繊維はおなかの調子を整えます

## 材料（２人分）

大豆の水煮……1缶（100g）
※汁は切る
乾燥ひじき……大さじ4
にんじん……1/4本
A ごま油……大さじ1
A しょうゆ……大さじ1
A 酢……大さじ1

## 作り方

1 ひじきは湯で戻し湯を切る。にんじんは5㎝長さの千切りにし、塩（分量外）でもんでおく。

2 ボウルに大豆の水煮、①、**A**を加えてよく和え、皿に盛る。

食感豊かでほんのり
和風のヘルシーカレー

# 大豆とひき肉のキーマカレー

目安 15分

クミンや
チリパウダーを
加えると、さらに
エスニック！

## 材料（2人分）

| | |
|---|---|
| 大豆の水煮 | 1缶（100g）※汁ごと使う |
| ひき肉 | 200g |
| 玉ねぎ | ½個 |
| ニンニク | 1かけ |
| パセリ | 適量 |
| 塩・こしょう | 少々 |
| ご飯 | 2膳分 |
| A カットトマト | ¼缶（100g） |
| A カレー粉 | 大さじ2 |
| A しょうゆ | 大さじ1 |

## 作り方

1 玉ねぎ、ニンニク、パセリはみじん切りにする。

2 フライパンに油（分量外）をひき、ニンニクを炒めて香りが出たら大豆の水煮（汁ごと）、ひき肉、玉ねぎを加えてさらに炒める。

3 ②にAを加え、弱火で7～8分煮たら塩・こしょうで味を調える。

4 皿にご飯を盛り付け、③をのせてパセリを振りかける。

大豆のタンパク質と
クルミの脂質で
栄養価の高い
おやつに

Daizu ダブルの大豆で便秘を解消

# 大豆とクルミのきなこおやつ

目安 5分

## 材料（2人分）

| | |
|---|---|
| 大豆の水煮 | 1缶（100g）※汁は切る |
| クルミ | 30g |
| きなこ | 適宜 |
| A はちみつ | 大さじ1 |
| A 水 | 大さじ2 |

## 作り方

1 フライパンにAを合わせて煮立てる。

2 ①に大豆の水煮とクルミを入れて水分がなくなるまで煮詰める。

3 ②を皿に盛り、きなこをまぶす。

いろいろな
食感が
楽しめる
レシピです！

Daizu

大豆と豚肉がたっぷり
疲労回復におすすめ

# ポークビーンズ

目安
15分

## 材料（2人分）

大豆の水煮…1缶（100g）
※汁は切る
豚肉（細切れ）……… 100g
玉ねぎ ………………… ½個
じゃがいも ……………… ½個
ニンニク………………… 1かけ
パセリ…………………… 適量
カットトマト … 1缶（400g）
水………………………… 100mℓ
ケチャップ ………… 大さじ2
コンソメ顆粒 ……… 小さじ2
オリーブ油 ………… 小さじ1
塩・こしょう ……………… 少々

## 作り方

1 玉ねぎとじゃがいもは1㎝の角切りに、ニンニクとパセリはみじん切りにする。

2 フライパンにオリーブ油、ニンニクを入れ熱し、香りが立ってきたら豚肉、玉ねぎ、じゃがいもを入れて炒める。

3 肉の色が変わったら、大豆の水煮、カットトマト、水を入れて中火にかけ煮立て、ケチャップ、コンソメを入れ10分ほど煮込む。

4 塩・こしょうで味を調え、器に盛り付けてパセリを散らす。

• column •

## 選ぶ基準は値段だけじゃない!? 水煮缶の選び方

どれも似たように見える水煮缶ですが、選び方にはちょっとしたコツがあります。特に魚の缶詰は、加工日が「旬」の時期であるほど栄養価が高くなります。冷凍原料の商品も少なくありませんが、人気のサバ缶などは、漁獲地と時期を限定し、新鮮な生の原料で製造するものが増えています。その分値段は張りますが、味は折り紙付き。賞味期限の丸3年前が製造日なので、表示を見れば製造月がわかります。サバの場合は、脂が乗り、DHA・EPAも豊富な寒い時期に製造されたものを選びましょう。

また、同じ呼び名で売られていても、原料の魚の種類が違う缶詰もあります。例えばサケ缶は淡泊な「カラフトマス」が主流ですが、それに対して「紅ザケ」は脂がのったコクのある味。一方、ツナ缶は色味が薄くあっさりした「マグロ」と、赤っぽくうま味の強い「カツオ」が出回っています。味の好みや、料理によって使い分けるといいでしょう。

水煮缶の栄養を逃さずとるには、調味液ごと使いたいところですが、気になるのが塩分。厚生労働省は1日当たりの目標量を男性8g、女性7g未満としています。水煮缶を選ぶ時は、栄養表示の「食塩相当量(g)」も要チェックです。

肌や血液のほか、循環器の健康に◎

# うずらの卵缶レシピ

生からはまず使わないうずらの卵も、水煮缶なら手間いらずで幅広いメニューに。小さいのでお弁当のおかずにも重宝します。

マヨネーズとケチャップを合わせたソースをかけてもOK

**材料**（2人分）

| | |
|---|---|
| うずらの卵の水煮 | 1缶（50g）※汁は切る |
| にんじん | ½本 |
| 玉ねぎ | ½個 |
| パン粉 | 大さじ2 |
| 牛乳 | 40㎖ |
| 合いびき肉 | 300g |
| A ケチャップ | 大さじ1 |
| A オイスターソース | 大さじ1 |

**血管の健康にもいい！**

うずらの卵に含まれる葉酸はビタミン$B_{12}$と協力して血液を作り、循環器疾患も予防します！

手軽にできる
おもてなし料理

目安 10分

# ミートローフ

## 作り方

1 玉ねぎとにんじんはみじん切りにし、パン粉は牛乳に浸しておく。

2 ボウルに①を入れ、合いびき肉、**A**を加えてよく混ぜ、広げたラップに半量を横長にのせる。

3 ②のセンターラインに沿ってうずらの卵の水煮を均等に並べる。

4 ③に②の残りをのせ、棒状にまとめてラップでくるむ。

5 ④を電子レンジで肉色が変わるまで3～4分加熱する。

6 ⑤を切り分けて皿に盛る。

## 材料（2人分）

うずらの卵の水煮… 1缶（50g）
※汁は切る
豚肉（薄切り）…………………4枚
小麦粉………………………… 少々
大葉…………………………… 適量
A［しょうゆ ………… 大さじ1
　 みりん …………… 大さじ1

## 作り方

1 うずらの卵の水煮に小麦粉をまぶす。Aは合わせておく。

2 うずらの卵に豚肉を巻き、小麦粉をまぶす。

3 フライパンに油（分量外）をひき、②の巻き終わりを下にして焼く。逆側も色が変わるまで焼き、Aを加えてよくからめる。

4 皿に大葉を敷き、③を盛り付ける。

Uzura

豚肉のビタミン$B_1$をプラス！
最高の疲労回復メニュー

# うずらの卵の肉巻き

目安 10分

七味唐辛子を
振っても
おいしく
いただけます

酢の効果は
作り置きにも
おすすめです

トマトの酸味が効いた
カレー風味のパワー副菜

# うずらの卵とミニトマトのカレーマリネ

目安 5分
※浸け置き時間を除く

## 材料（2人分）

うずらの卵の水煮……1缶（50g）
※汁は切る
ミニトマト……10個
パセリ……適量
A
- カレー粉……小さじ1
- オリーブ油……大さじ2
- 酢……大さじ1
- 塩・こしょう……少々

## 作り方

1. ミニトマトは湯むきをする。パセリはみじん切りにする。Aは合わせておく。
2. ボウルにうずらの卵の水煮とミニトマト、Aを合わせ冷蔵庫に30分ほど置き、パセリを散らす。

**材料**（２人分）

うずらの卵の水煮…1缶（50g）
※汁は切る
ちくわ……………………………3本
マヨネーズ………………………適量
粉チーズ…………………………適量
オリーブ油………………………適量

**作り方**

1 ちくわは縦半分に切ってうずらの卵の水煮を巻き、余った部分は切り落とす。巻き終わりをようじで留める。

2 ①にマヨネーズを塗り、粉チーズをまぶす。

3 フライパンに1㎝の深さでオリーブ油をひき、②を弱火で２～３分揚げ焼きにする。

見栄えも味も
栄養価も GOOD

目安 10分

# うずらの卵と ちくわのチーズ焼き

ミニトマトを
添えると
彩りの良い
オードブルに

ニラの香りがポイント！
夜食代わりに最適

目安 10分

# うずらの卵と きのこのスープ

骨や歯を強くする
まいたけは
免疫力アップにも
貢献！

**材料**（２人分）

| | | |
|---|---|---|
| うずらの卵の水煮 | | 1缶（50g）※汁ごと使う |
| まいたけ | | ½パック |
| ニラ | | 3本 |
| だし汁 | | 400㎖ |
| A | しょうゆ | 小さじ2 |
| | 塩 | 小さじ1 |
| | 酒 | 大さじ1 |

**作り方**

1 まいたけは手でほぐす。ニラは5㎝幅に切る。

2 鍋にだし汁を入れて火にかけ、まいたけと**A**を加える。

3 ②にうずらの卵の水煮（汁ごと）とニラを加え、ひと煮立ちしたら器に盛る。

淡白な素材を
マスタード味で引き締める！

# うずらの卵とエビのサラダ

目安 8分

具をピックで
留めると
ぐっとおしゃれな
おもてなし料理に！

## 材料（2人分）

うずらの卵の水煮…2缶（100g）
※汁は切る
ブロッコリー……………………100g
むきエビ（ゆで）………………80g

A
- オリーブ油…………大さじ2
- 酢……………………大さじ1
- 塩・こしょう……………少々
- 粒マスタード………小さじ1

## 作り方

1 ブロッコリーは一口大に切り、塩ゆでして湯を切る。Aは合わせておく。

2 器にうずらの卵の水煮、むきエビ、ブロッコリーを入れてAを回しかける。

鶏肉のコラーゲンで
お肌ツヤツヤに

目安 **10**分

# うずらの卵と鶏もも肉の煮物

一晩寝かせると
より味が染み込みます。
大根を一緒に煮ても

**材料**（2人分）

うずらの卵の水煮…2缶（100g）
※汁ごと使う

鶏肉（もも肉）……………………80g

七味唐辛子…………………………適宜

A
- めんつゆ（3倍濃縮）……………………大さじ4
- 酒……………………………大さじ1
- 水……………………………200mℓ

**作り方**

1 鶏肉は一口大に切る。

2 鍋にうずらの卵の水煮（汁ごと）と①、Aを加えて煮立て、中弱火で5～6分加熱する。

3 火を止め、粗熱をとる。

4 ③を器に盛り付け、お好みで七味唐辛子を振りかける。

## 良質なタンパク質がたっぷり

# ツナ缶レシピ

クセがなくどんな食材とも相性がよいので幅広く使えます。サバやサケと同じくEPA、DHAも豊富なので、シニアの健康維持に重宝します。

ディップのほか
おにぎりの具にしても

## ツナとクリームチーズのリエット

目安 5分

**材料**（２人分）

- ツナの水煮 ………… １缶（70g）
  ※汁は切る
- A
  - クリームチーズ …… 100g
  - 粒マスタード …… 小さじ１
  - マヨネーズ ……… 小さじ１
  - レモン汁 ………… 小さじ１
- プチトマト …………………… 適宜
- バゲット ………………… ３～４枚

**健康維持に、美肌効果も！**

低糖質でタンパク質も豊富！
肌と粘膜の健康を維持する
ナイアシンも含まれています。

### 作り方

1 ボウルにツナの水煮と**A**を加えてよく混ぜ、器に盛る。

2 ①にトーストしたバゲット、プチトマトを添える。

クラッカーや
スティック野菜にも
合います！

食べ応えもあるヘルシーな一品

# ツナの豆腐ナゲット

目安 10分

**材料**（2人分）

- ツナの水煮……… 1缶（70g） ※汁は切る
- 木綿豆腐………1丁（300g）
- 卵……………………………… 1個
- オイスターソース….大さじ1
- 片栗粉………………….大さじ4
- 揚げ油……………………… 適量
- ケチャップ………………… 適量

**作り方**

1. ボウルに水を切った豆腐、ツナの水煮、卵、オイスターソース、片栗粉を入れてよく混ぜ、耳たぶくらいのかたさに調える。
2. 熱した揚げ油に①をスプーンですくって落とし、きつね色になるまで揚げる。
3. 油を切って皿に盛り、ケチャップを添える。

豆腐の水切りはしっかりと！

**材料**（２人分）

ツナの水煮……… 1缶（70g）
※汁は切る

にんじん………………………… 1本

A
- クミンシード………… 適宜
- 白ワイン…………大さじ1
- オリーブ油……大さじ2
- 塩・こしょう………… 少々

**作り方**

1 にんじんは５㎝長さの千切りにする。Aは合わせておく。

2 ボウルにツナの水煮と①を入れてよく和え、皿に盛る。

ドライフルーツや
ナッツを加えても

Tsuna

クミンの風味が食欲をそそる

# ツナとにんじんの<br>クミンサラダ

目安
5分

ひと手間加えるだけで
トマトとツナがごちそうに

# ミニトマトのツナ詰め

目安 8分

おもてなしには
チリパウダーを
振って華やかに

## 材料（2人分）

- ツナの水煮…… 1/2缶（35g）※汁は切る
- ミニトマト…… 10個
- パセリ…… 適量
- 玉ねぎ…… 1/8個
- マヨネーズ…… 大さじ1
- 黒こしょう…… 少々

## 作り方

1. 玉ねぎ、パセリはみじん切りにする。
2. ミニトマトはへたの下でカットし、スプーンで中をくり抜く。
3. ツナの水煮に玉ねぎとマヨネーズ、黒こしょうを合わせ、②の中に詰めて皿に盛り、パセリを振る。

ツナ＋温泉卵でさらに
タンパク質を強化

# ツナ納豆丼

目安
5分

卵黄に含まれるルテインは、目の老化防止にも

## 材料（2人分）

ツナの水煮…1缶（70g）
※汁は切る
納豆……………………2パック
小ねぎ……………………10g
温泉卵…………………… 2個
ご飯…………………… 2膳分
A ごま油………大さじ1
A めんつゆ（3倍濃縮）……………小さじ1

## 作り方

1 納豆は付属のタレとツナの水煮を入れてよく混ぜる。小ねぎは小口切りにする。Aは合わせておく。

2 丼にご飯をよそってツナ納豆をのせ、小ねぎを散らし、温泉卵をのせAをかける。

さっぱりいただける
鶏ガラベースの焼きそば

# ツナと小松菜の塩焼きそば

目安 10分

小松菜は油と一緒にとることで栄養吸収アップ

## 材料（2人分）

ツナの水煮……1缶（70g）
※汁は切る
長ねぎ……¼本
小松菜……1束
焼きそば麺……2玉
ごま油……大さじ1
鶏ガラスープの素……小さじ2
塩・こしょう……少々

## 作り方

1. 長ねぎは斜め切りにする。小松菜は5㎝幅に切る。
2. フライパンにごま油をひき、①を炒める。
3. ②がしんなりしてきたら焼きそば麺を入れてほぐし、さらにツナの水煮を入れて炒める。
4. ③に鶏ガラスープの素を入れてほぐし、塩・こしょうで味を調える。

コスパも栄養もいい
カンタン料理

# ツナともやしの卵炒め

目安 8分

もやしの代わりにえのきだけを加えても



## 作り方

1. 小ねぎは小口切りにする。もやしはサッと洗い水を切る。
2. フライパンにごま油をひき、ツナの水煮ともやしを炒める。
3. ②に卵を割り入れ、中火で2〜3分炒める。
4. ポン酢しょうゆを回しかけて皿に盛り、小ねぎを散らす。

## 材料（2人分）

| | |
|---|---|
| ツナの水煮 | 1缶（70g）※汁は切る |
| もやし | 1袋 |
| 小ねぎ | 10g |
| 卵 | 1個 |
| ごま油 | 大さじ1 |
| ポン酢しょうゆ | 大さじ2 |

Tsuna

山いもの粘りが
消化吸収を助ける

目安 10分

# ツナと山いもの お好み焼き風

## 材料（2人分）

ツナの水煮…… 1缶（70g）
※汁は切る

山いも……………………200g

青ねぎ……………………30g

小麦粉………………大さじ2

白だし………………大さじ1

卵……………………………1個

糸唐辛子…………………適宜

## 作り方

1 山いもは皮をむいてすりおろす。青ねぎは小口切りにする。

2 ボウルに糸唐辛子以外の材料を混ぜ合わせる。

3 フライパンにごま油（分量外）をひき、②を2つに分けて流し入れ、両面を焼く。

4 ③を皿に盛り、糸唐辛子をのせる。

ポン酢しょうゆをつけても美味

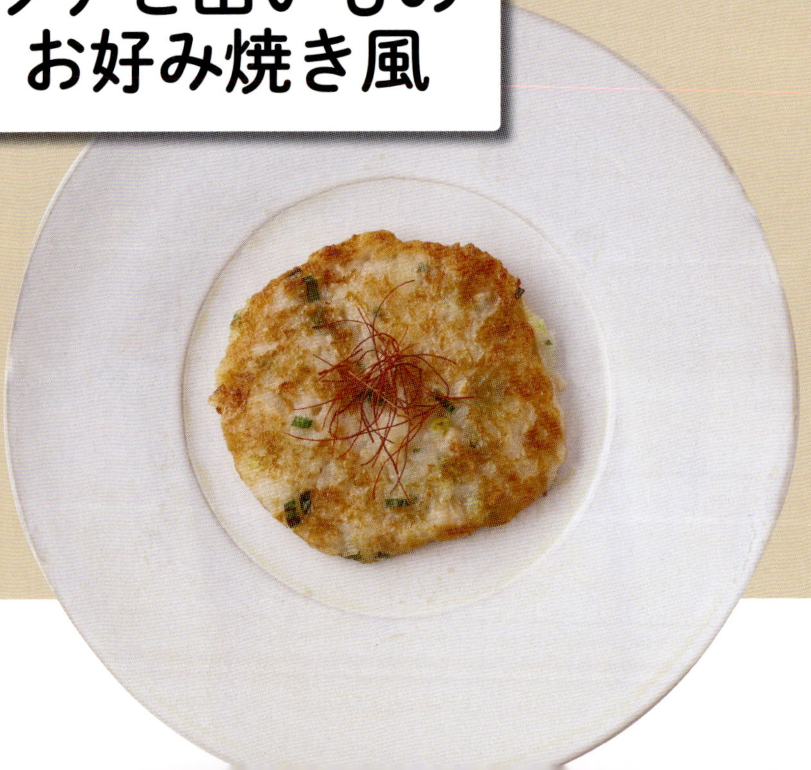

• *column* •

# 缶詰は新しいものほど おいしいというわけではない

缶詰の最大のメリットは、言うまでもなく食材を新鮮な状態で長期保存できること。一般的に食材は鮮度が良いものほど好まれますが、海産物の缶詰の場合、製造後すぐよりも少し寝かせたほうがおいしいといわれます。

サバやサケ、ツナなどの缶詰は加工後、時間がたつにつれて調味液が魚肉に染み込み、全体の味が少しずつなじんでいきます。加えて、塩分による浸透圧で魚肉から適度に水分が抜け、身が締まり食感も良くなっていきます。これは缶詰業界で「缶熟」と呼ばれる現象で、食べ頃は缶詰の種類によってまちまちですが、製造後半年から3年くらいだといわれています。すぐに使う水煮缶を買う時は、少し古いものを選んだ方がおいしくいただけそうです。

ところで、日本で製造される缶詰の賞味期限はおよそ3年ですが、これはあくまでメーカーが保証する「おいしく食べられる」期限。理論上、缶詰は腐敗することはないということなので、期限が切れたらすぐに食べられなくなるわけではありません。ただし、缶が膨らんでいたり、開封時にガスが抜ける音がしたりしたらNG。賞味期限にかかわらず、絶対に食べないようにしましょう。

ツナ缶レシピ

# アサリ缶レシピ

貧血気味の人に超おすすめ！

生だと砂抜きがめんどうなアサリも缶詰なら下処理いらず。身はサラダに、汁はパスタにといった使い方も自在です。また、水煮のほうが、栄養価が高いことも見逃せません。

**缶汁も残さずとり入れて**

アサリのうま味に加え、
鉄分や亜鉛が溶け出しています。
汁も料理に重宝。
みそ汁やスープのほか、
麺料理のうま味だしなどに！

スルスル食べられる
エスニックフード

目安 10分

## アサリとパクチーのベトナム風スープ

**材料（2人分）**

アサリの水煮 ……… 1缶（130g）
※汁ごと使う
パクチー …………………………… 1束
塩・こしょう …………………… 少々
フォー …………………………… 100g
水 ……………………………… 700ml
A ナンプラー …………… 大さじ1
A 鶏ガラスープの素 …… 小さじ1

**作り方**

1. パクチーは茎を切り落とし1cm長さに切る。フォーは別の鍋でゆでておく。
2. 鍋に分量の水を煮立て、アサリの水煮（汁ごと）とAを加える。
3. ②がひと煮立ちしたら、塩・こしょうで味を調える。
4. 深皿にフォーを入れ、③のスープを注ぎパクチーを散らす。

ごま油の香りが
食欲をそそる

# アサリとレタスの韓国風サラダ

目安 5分

## 材料（2人分）

アサリの水煮…1缶（130g）
※汁は切る
レタス……………………100g
韓国のり…………………4枚

A
- ごま油…………大さじ1
- 酢…………………小さじ1
- 豆板醤…………小さじ½
- ニンニク（チューブ）……………………1cm分

## 作り方

1 レタスと韓国のりは一口大に切る。Aは合わせておく。

2 皿にレタス、アサリの水煮、韓国のりを盛り付け、Aを回しかける。

レタスを水菜に代えてもおいしくいただけます
ビタミン豊富なパクチーには美肌効果も

アサリのうま味が活きる
ヘルシー副菜

# アサリとワカメの酢の物

目安 5分

ゆずこしょうを
加えると、
風味が豊かに

## 材料（2人分）

アサリの水煮…1缶（130g）
※汁は切る
ワカメ（乾燥）……5g
きゅうり……½本
カツオ節……適量
A［酢……大さじ1
　 白だし……小さじ1

## 作り方

1 ワカメは水で戻し一口大に切る。きゅうりは薄切りにして塩（分量外）を振り、もみ込む。Aは合わせておく。

2 ボウルにアサリの水煮、①を入れて合わせる。

3 ②を器に盛り、カツオ節を散らす。

朝食にとると
まる1日元気で
過ごせます

缶汁ごと使うことで
うま味がアップ

目安
10分

# アサリチャウダー

## 材料（2人分）

アサリの水煮…1缶（130g）
※汁ごと使う
ベーコン……………………1枚
玉ねぎ………………………30g
にんじん……………………30g
パセリ………………………適宜
水……………………………80㎖
コンソメ固形………………1個
牛乳…………………………100㎖

## 作り方

1 ベーコン、玉ねぎ、にんじんは1㎝角に切る。パセリはみじん切りにする。

2 鍋に油（分量外）をひいてベーコン、玉ねぎ、にんじんを炒め、しんなりしたら水、コンソメを加えて弱火で5～6分煮込む。

3 ②にアサリの水煮（汁ごと）、牛乳を加えてひと煮立ちさせる。

4 器に入れ、パセリを散らす。

アサリのうま味が
ご飯に染み込む

# アサリのチーズリゾット

目安 10分

仕上げに
粉チーズを
振りかけると
さらに美味！

## 材料（２人分）

- アサリの水煮……1缶（130g）
  ※汁ごと使う
- アスパラガス……3本
- ご飯……2膳分
- 白ワイン……40㎖
- 塩・こしょう……少々
- A
  - 粉チーズ……大さじ1
  - コンソメ顆粒……小さじ1
  - 湯……200㎖

## 作り方

1. アスパラガスは根元を切り落とし、３㎝長さの斜め切りにする。
2. フライパンにアサリの水煮（汁ごと）、アスパラガス、白ワインを入れ、ふたをして弱火で２～３分蒸す。
3. ②にA、ご飯を加えて混ぜ、弱火で１～２分煮込む。
4. 塩・こしょうで味を調える。

菜の花の代わりに
小松菜を使っても
いいでしょう

美肌にも効果のある
菜の花とのコラボ

# アサリと菜の花の辛子和え

目安
5分

**材料**（２人分）

アサリの水煮……1缶（130g）
※汁は切る
菜の花……………………100g
A［練り辛子………小さじ½
　 白だし…………大さじ1

**作り方**

1 菜の花は沸騰した湯でゆで、ザルに上げて水を絞る。Aは合わせておく。

2 菜の花を3㎝幅に切り、アサリの水煮、Aと和えて皿に盛る。

オイスターソースが
アサリにぴったり！

# アサリと豆苗の炒め物

目安 5分

さっぱり味が
好みなら
オイスターソースを
ポン酢しょうゆに
代えても

**材料**（2人分）

アサリの水煮 ……1缶（130g）
※汁は切る
豆苗……………………… 1パック
ごま油……………………… 大さじ1
オイスターソース……… 小さじ1
おろししょうが（チューブ）
……………………………3cm分

**作り方**

1 豆苗は根元を切り落とす。
2 フライパンにごま油をひき、おろししょうがを炒めて豆苗、アサリの水煮、オイスターソースを加えて豆苗がしんなりするまで炒め、皿に盛る。

クミンシードがなければカレー粉を代用してもOK

鉄分が不足しがちな
女性のランチに

# アサリとクミンのチャーハン

目安 10分

**材料（2人分）**

| | |
|---|---|
| アサリの水煮 | 1缶（130g）※汁は切る |
| ご飯 | 2膳分 |
| 卵 | 1個 |
| 小ねぎ | 20g |
| バター | 大さじ1 |
| おろしニンニク（チューブ） | 2㎝分 |
| クミンシード | 小さじ½ |
| めんつゆ（3倍濃縮） | 小さじ1 |
| 塩・こしょう | 少々 |

**作り方**

1. 小ねぎは小口切りにする。卵は割りほぐしておく。
2. フライパンにバターをひき、おろしニンニクとクミンシードを入れて香りが立ったら卵を流し入れる。
3. ②にご飯、アサリの水煮、小ねぎ、めんつゆを加えて3～4分中火で炒め、塩・こしょうで味を調える。

メタボ予防にはこの水煮缶！

# ホタテ缶レシピ

サケ缶やツナ缶同様、どんなメニューにも使える万能選手です。ほぐし味タイプはスープやサラダに、形がしっかりしているものは食感が活きる炒め物などにどうぞ。

ほうれん草を
チンゲンサイに
代えると
より中華風に

**材料**（2人分）

ホタテの水煮……1缶（65g）
※汁は切る
ほうれん草……………………½束
ごま油……………………大さじ1
オイスターソース…大さじ1
塩・こしょう………………少々

**作り方**

1 ほうれん草は根元を切り、5㎝幅に切る。

2 フライパンにごま油をひき、①を入れて炒め、しんなりしたらホタテの水煮、オイスターソースを加えてよく炒め、塩・こしょうで味を調える。

メタボと決別したい人へ

コレステロールや血圧を
下げるタウリンがたっぷり！
また、肝臓の解毒能力も
強化します！

オイスターソースとの相性は抜群！

# ホタテとほうれん草のオイスター炒め

目安 8分

ホタテのタウリンと梅干しのクエン酸で
疲労回復をWサポート

# ホタテときゅうりの梅肉和え

目安
5分

きゅうりは
ホタテの大きさに
合わせて切り
ましょう

**材料（2人分）**

ホタテの水煮 … 1缶（65g）
※汁は切る
きゅうり……………………… 1本
梅干し………………………… 1個
めんつゆ（3倍濃縮）
…………………………小さじ2

**作り方**

1 きゅうりは1㎝の角切りにする。梅干しは種をとり、包丁でたたく。

2 ボウルにホタテの水煮、①、めんつゆを入れて混ぜ、皿に盛る。

マヨネーズと
オイスターソースの
タレもおすすめ

ホタテのうま味が
シャキシャキ野菜を引き立てる

# ホタテと野菜の生春巻き

目安 10分

## 材料（2人分）

ホタテの水煮…1缶（65g）
※汁は切る
水菜……………………40g
にんじん………………40g
大葉……………………8枚
ライスペーパー………4枚
A マヨネーズ………40g
ケチャップ……大さじ1
レモン汁……小さじ1

## 作り方

1 ホタテの水煮は7～8㎜の細切りにする。水菜は5㎝幅に切る。にんじんは5㎝長さの細切りにする。**A**は合わせておく。

2 ライスペーパーを水に戻して広げて置き、大葉、水菜、にんじん、ホタテの順にのせて巻く。

3 ②を半分に切って皿に盛り、**A**を添える。

### 材料（２人分）

ホタテの水煮 ····1缶（65g）
※汁ごと使う
卵······························1個
水菜···························1束
鶏ガラスープの素
······················小さじ2
水··························350㎖
塩・こしょう················少々

### 作り方

1 水菜は根元を切り落とし、5㎝幅に切る。卵は割りほぐしておく。

2 鍋に水を入れて煮立て、ホタテの水煮（汁ごと）、卵、水菜、鶏ガラスープの素を入れてひと煮立ちさせ、塩・こしょうで味を調える。

心まで温まる
ほっこりした味

# ホタテの中華風スープ

目安
8分

汁ごと
使うことで
より深い
味わいに

ミックスビーンズやスパイスをプラスしてもOK

炊飯器に入れて炊くだけ！

目安 **5分**
※浸水・炊飯時間を除く

# ホタテとミックスベジタブルのピラフ

**材料**（2人分）

ホタテの水煮……2缶（130g）※汁ごと使う
米……2合
ミックスベジタブル……100g
A
- バター……大さじ1
- コンソメ固形……1個
- 水……380㎖
- 塩・こしょう……少々

**作り方**

1 米は研いでザルに上げ、30分置く。

2 炊飯器に米、ホタテの水煮（汁ごと）、ミックスベジタブルとAを入れて炊く。

毎食あってもうれしい副菜

# ホタテマヨサラダ

目安 **5分**

マヨネーズに辛子をプラスすると大人の味に

## 材料（2人分）

ホタテの水煮……1缶（65g）※汁ごと使う
大根……200g
かいわれ大根……½パック
マヨネーズ……大さじ2
塩・こしょう……少々

## 作り方

1 大根は皮をむき、5㎝長さの千切りにして塩をもみ込む。かいわれ大根は根元を切り落とし、半分に切る。

2 ボウルにホタテの水煮（汁ごと）、大根、マヨネーズを入れてよく混ぜ、塩・こしょうで味を調え器に盛りつけ、かいわれ大根をのせる。

ズッキーニを
ブロッコリーに
代えても

２色のズッキーニを使って
見た目もおいしく！

目安
8分

# ホタテとズッキーニの
# ガーリック炒め

**材料**（２人分）

ホタテの水煮 ····· 1缶（65g）
※汁は切る
ズッキーニ（緑・黄）
······························· 各½本
ニンニク ······················ 1かけ
オリーブ油 ·············· 大さじ1
塩・こしょう ·················· 少々

**作り方**

1 ズッキーニは１㎝の輪切り、ニンニクはみじん切りにする。

2 フライパンにオリーブ油をひき、ニンニクを炒めて香りが立ってきたらホタテの水煮とズッキーニを入れて3～4分中火で炒める。

3 塩・こしょうで味を調える。

# あとがき

水煮缶レシピ、いかがでしたでしょうか。栄養価に優れたおいしい料理が手早く作れそうだと感じていただけたら幸いです。

人はおいしいものを食べている時はとても幸せな気分になりますよね。そのおいしいものが「健康によい」ものであればさらにうれしいはず。今回の80レシピはとにかく「簡単」「おいしい」をモットーに考案させていただきました。

料理が苦手な人でも作れると思いますし、もし作れなくてもそのままいただくことで優れた栄養の恩恵にあずかれます。長期保存が可能なので買っておいてもむだになりませんし、使わないならそのまま災害時の非常食として保管しておくこともできます。

「人生１００年時代」と言われている昨今、私たちが元気で長生きしていくためには「健康寿命」を延ばしていくことが非常に大事です。そのためには生活習慣（睡眠、運動、食事）を意識

# あとがき

していくことがカギとなります。私の経験から食習慣は特に大切だと感じています。外食の多い生活から、週に1～2回自炊を取り入れようと試みるだけでも、それが習慣となれば大きく将来が変わっていきます。いつまでも元気で健康に過ごすためには「食」は切っても切り離せないものですので、その強力な味方となる水煮缶をうまく活用し、おいしく楽しい健康ライフを手に入れてください。

今回、この本のきっかけをいただいた中田紀一様、編集の松本紀子様、吉田香様、カメラマンの久保寺誠様、スタイリストのサイトウレナ様、アシスタントの岡田真実様、いつも支えていただいている関係者のみなさま、改めてこの本に関われましたことを感謝申し上げます。

そしてこの本を手に取っていただいたみなさま、この本がみなさまの健康のお役に立つ本となりますように。そして元気な世の中を作っていけますように。感謝を込めて。

ローカーボ料理研究家・藤本なおよ

## 藤本なおよ(ふじもと・なおよ)
ローカーボ料理研究家

幼少期から身体が弱く、さまざまな不定愁訴を「ローカーボ(糖質制限)」という食事で克服。「人間の身体と心は食べたものでできている」ということを一人でも多くの人に伝えたいと思い、2014年よりローカーボ料理教室を主宰する。2018年5月には初開催の「ダイエットグルメフェス」で実行委員長を務め来場者約2万人を動員。現在、ローカーボ料理研究家として企業・飲食店のレシピ開発、セミナー講師等で活動中。2018年5月に書籍『世界一おいしいダイエット』(repicbook)を出版。ミッションは「食を通して多くの人を幸せにすること」。

撮影●久保寺誠
スタイリング●サイトウレナ
料理アシスタント●岡田真実
企画●中田紀一(株式会社ヒルダ)
編集・制作●松本紀子、吉田香(オフィス朔)
デザイン・DTP●中村文(tt-office)
カヴァーデザイン●梅里珠美(北路社)

## やせる 若返る(わかがえ) 健康(けんこう)になる
## いいことずくめの
# 水煮(みずに)缶(かん)レシピ

2019年2月15日初版発行

発 行 者　近藤和弘
発 行 所　東京書店株式会社
　　　　　〒101-0051 東京都千代田区神田神保町3-5
　　　　　住友不動産九段下ビル9F
　　　　　Tel.03-5212-4100　Fax.03-5212-4102
　　　　　http://www.tokyoshoten.net

印刷・製本　株式会社ウイル・コーポレーション
ISBN978-4-88574-579-9
©naoyo fujimoto, tokyoshoten 2019　Printed in Japan
＊乱丁本、落丁本はお取替えいたします。
＊無断転載禁止、複写、コピー、翻訳を禁じます。